波乱の道のり　看護とともに

小西チヨ

目次

波乱の道のり　看護とともに

■あれが徴用だったのか

■過去があり今がある

■年　譜

生まれは中朝国境

八路軍に留用されて

「留用《りゅうよう》」という言葉をご存じでしょうか。外国人を自分の国に留め置いて使うことです。

終戦翌年の1946（昭和21）年に再開した中国国民党と共産党の内戦で、共産党側の八路軍（人民解放軍の前身）が旧満州（中国東北部）の日本人医療従事者に対して行ったのがそれでした。看護婦だった私も留用された一人です。

任務は戦地後方に設けた野戦病院で、前線から運び込まれてくる負傷兵の治療に当たることでした。つまり、戦地が変われば私たちも動くということです。

朝鮮との国境に近い旧満州南部を出発し、北は内蒙古の砂漠地帯、南はベトナムに程近い亜熱帯地域まで、広大な中国大陸の東側をほぼ縦断する形で移動しました。直線距離で5千キロ、ほとんどが歩きです。気付けば従軍は4年に及んでいました。

移動や任務途中に過労や病気で亡くなった日本人もいましたが、自分の置かれた状況の理不尽さを顧みることはなかったように思います。戦争への疑問は、平和な世の中に生きているからこそ湧いてくるものではないでしょうか。私も、そういう星の下に生まれたんだと運命を受け入れていました。

日本への引き揚げが許されたのは53年です。あれから63年たちました。秋田に根を下ろし、看護師として勤め上げました。家庭を持つ幸せを味わうこともできました。昨年4月には、たくさんの方から卒寿の祝いをしてもらいました。

寂しいのは大陸時代の気持ちを共有できる仲間が、ほとんどいなくなったことです。大陸での見聞は歴史の教科書にも載っていません。死線をさま

卒寿の祝いであいさつをする＝2015年4月、大仙市

よいながら中国建国に力を尽くした日本人がいたことを、日中両国のいまの人たちに伝えられればと思います。

ばあやのいた暮らし

現在の北朝鮮、平安北道新義州府《へいあんほくどうしんぎしゅうふ》で、大分出身の父島田克己《かつみ》、栄村《さかえ》（現横手市）出身の母フサの三女として生まれました。新義州は鴨緑江《おうりょくこう》を挟んだ旧満州（中国東北部）との国境の街です。対岸の安東（現丹東）の看護婦養成所に通うまで、14年間過ごしました。

戸籍上の誕生日は4月1日ですが、本当は3日です。父は男の子を望んでいましたが、生まれてきたのが私でした。たった2日の違いですが、4月1日で役所に届ければ子育ても1年早く片付きます。いまでは考えられませんが、あの当時は珍しくありませんでした。

両親が待望の長男を授かったのは、私が生まれた2年後です。さらにその2年後には次男が生まれました。弟は2人とも、それはそれは大事に育てられましたよ。それに比べ私は、良く言えば自由放任、はっきり言えば、ほったらかしでした。

父は新義州府庁の課長でした。府庁は市役所のようなものです。稼ぎがどれほどだったかは知りませんが、暮らしぶりは豊かだったと思います。大きな屋敷を構え、朝鮮人の使用人が2人いました。炊事は「ばあや」、子守は10歳になるかならないかというばあやの娘「ねえや」の仕事でした。

ばあやは私が生まれる前からうちにいたようです。あねさんかぶりで、いつも白いチョゴリ（朝鮮の民族衣装）を着ていたのを覚えています。働き者で、母からは良き相談相手だったという話を聞いたことがあります。日本語も上手でした。

ねえやにはよく、ひな人形や薬の行商が置いていく紙風船で遊んでも

7歳の時の家族写真（前列右）。後列中央が父克己、前列左が母フサ

らっていました。２人とも優しくて家族同然でした。

父が多額の借金を抱え、わが家は私が４歳の時に鴨緑江近くの長屋に引っ越すことになりました。長屋生活が極貧だっただけに、ばあやたちがいた生家での４年間は幸せでした。私の大切な思い出です。

父の教えを心に刻む

性格は父克己に似たと思います。一番影響を受けた人と言っていいかもしれません。こうと言ったら聞かない頑固なところは父譲りです。5人きょうだいの中で父が私にばかり怒っていたのは、近親憎悪に近い感情からだったと思います。

父は大分の旧家の次男坊で、若い時分は評判の道楽息子だったそうです。祖父は息子の行く末を案じ、地元の役所に強制的に勤めさせましたが、父は浮世離れした生活を全く改めようとしなかったといいます。

祖父は程なく役所を辞めさせ、今度はお豆腐屋さんに奉公に出しました。でも、父はこらえ性がなくて、3日で帰ってきてしまったということです。

それからどういう経緯で朝鮮に渡ったかは分かりませんが、「おれは朝鮮に骨を埋める。財産は不要」と言って、くにを出たといいますから、それなりの覚悟だったのでしょう。

父からは「人は生まれる国や家を選べない。人に上から浴びせ掛けるような物の言い方をしてはならんよ」と言われて育ちました。もう何百回聞かされたことか。父には随分、口答えもしましたが、その教えだけはしっかり守ってきたつもりです。

幼心に変わっているなあと感じていたのは、使用人の「ばあや」たちの食事の中身が、私たち家族と同じだったということです。父の方針でした。朝鮮は日本の統治下にありましたから、使用人は召使いのような扱いだったのが普通です。日本人と同じものを同じ時間に食べるなんて、まず考えられないことでした。

結婚前、京城（現ソウル）にいた頃の父

後の話になりますが、太平洋戦争が終わり、天地がひっくり返ったような故郷・新義州の街で、ばあやたちは母に日本に渡る密航船の情報を教えてくれたといいます。

反日感情が渦巻いていた終戦直後のご

時世で日本人に救いの手を差し伸べるなんて、いま考えれば相当危険だったはずです。民族の違いを越え、両親と心が通じ合っていたんでしょう。

生活一変、長屋に転居

比較的裕福だったわが家の暮らし向きが変わったのは、私が4歳の時です。父が友人の借金の連帯保証人になり、その友人が夜逃げしたのです。困った父は家を手放した上、退職金を返済に充てるため役所を辞めざるを得なくなりました。

それからは生活が一変しました。引っ越し先は6畳2間の長屋。お金が無いので買い物はいつもつけ払いです。新義州で父はそこそこ知られた人でしたから、私も近所では父の「顔」でよく文具品などを買っていましたが、悲しかったですね。

父は朝鮮総督府外局の専売局に新たな職を得て、私が尋常小学校5年生の時には旧満州の奉天（現瀋陽《しんよう》）に本社のある「満州日日新聞社」に転職して記者になりました。持ち場は鴨緑江対岸の安東（現丹東）。ひとたび事件や事故があれば、現場に飛んで行ったものです。でも生活は相変わらずでしたから、薄給だったと思います。

母も着物の仕立ての内職で家計を支えていました。腕の良さは評判だったようで、夜昼なく働いていました。出来上がった着物を依頼主の料亭などに届けに行くのは私の役目。子どもの出入りするような場所ではありません。小学1年生ぐらいでしたから恥ずかしくてね。

面白いのは、父が夜逃げした友人の家族の面倒をずっと見ていたことです。鴨緑江水門の管理人の仕事を見つけてやったほどです。

父には度が過ぎるほど寛容なところがありました。人付き合いを大事にする人でもありましたから、生活に困窮していた父を見かねて、有形無形の援助をした知人も多かったと聞いています。

高等小学校（2年制）を卒業し、

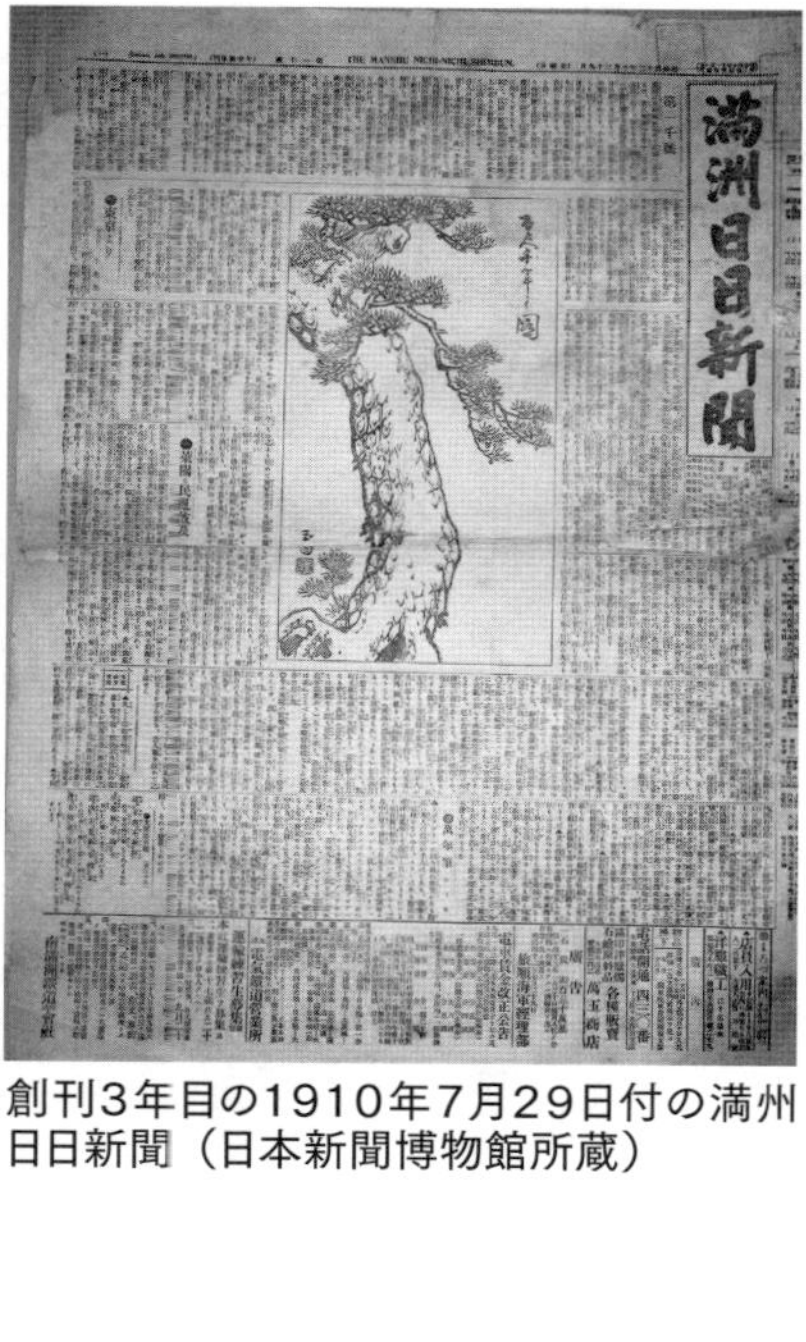
満洲日日新聞

創刊3年目の1910年7月29日付の満州日日新聞（日本新聞博物館所蔵）

地元の実践女学校と南満州鉄道が経営する看護婦養成所を受験しました。両方合格し、迷うことなく養成所を選びました。決め手は学費や食費がかからないということ。家が貧しかったことが看護師になるきっかけになりました。

手に職を付けなさい

母フサは栄村（現在の横手市）出身です。10代で単身朝鮮に渡り、高級将校の家に住み込みで奉公したそうです。花嫁修業が目的で、当時は珍しくなかったといいます。11歳年上の父克己とは私が生まれた朝鮮・新義州の近くの義州という所で出会い、19歳の時に結婚しました。父は大分の上級士族の出だったので、母との結婚には親元から随分反対されたようです。

明治の女ですが、ハイカラな人で、パンやビスケットを焼いたり、ジャムをこしらえたりしていました。長屋に越してからの家計は相当苦しかったはずですが、学校から帰るとおやつによくビスケットを出してくれました。

母から言われていたのは「何でもいいから手に職を付けなさい」ということです。裁縫が上手でしたから、仕立ての内職で家計を支えてきたという自負があったからかもしれません。私が看護の道に進んだのも、今思うと母の教えに導かれたのだと思います。

ただ、さすがに私にお裁縫を習いなさいとは言いませんでした。少女時代の私は近所でも評判のおてんばで、間違っても女の子の遊びをするような子ではありませんでした。

母は情に厚い人でもありました。真冬の寒い夜のことです。遠くからまんじゅうを立ち売りする子どもの声が聞こえてくると、母は私にその子を呼んでくるよう言いつけました。

10歳にも満たない朝鮮人の少年でした。首から提げた木箱には、売れ残ったまんじゅうがごっそり。母は「全部売らないとおうちに帰れないんでしょう」と言うと、なけなしのお金を渡し、全部買い取ったのです。分け隔てなく人に優しくしなければだめ

12歳の時（後列右）の家族写真。前列左が母フサ

だという父の戒めに、母も従っていたんだと思います。

どんな困難に直面していたときでも、母から泣き言を聞いたことはありません。辛抱強さは母譲りかもしれません。

国境の街はセピア色

生まれ育った朝鮮半島北部の新義州で印象深いのは、赤れんがの駅です。東京駅に似た外観で街のシンボルでした。駅前から延びる一帯には日本人街が開け、通りには商店や学校、官庁が並んでいました。新義州は化学工業や機械工業が盛んで、駅裏にあった日本の製紙会社の工場群も懐かしい光景です。

引っ越し先の長屋は鴨緑江の川べりにありました。川幅は1キロほどで、汽船やジャンク船、高瀬舟のほか、駆逐艦も行き交っていました。川沿いには造船所や製材所、マッチ工場が立っていました。国境の街らしく、わが家の近くには税関や検疫所もありました。

転居前の日本人街が高級住宅の立ち並ぶ山の手だとすれば、長屋のあった周辺は下町の風情でした。夏の風物詩といえば花火大会と灯籠流し。河川敷に巨大な暗幕を張り、映画の上映会もよくやっていました。満州映画協会の看板スター、李香蘭《りこうらん》の封切り映画も見ましたよ。鴨緑江は冬になると凍りますから、スケートを楽しむ人でにぎわっていましたね。

長屋のすぐそばには、国境守備隊や旧日本陸軍の憲兵隊の詰め所がありました。市街地や港湾、鉄道施設を管轄していた一般の警察に対し、憲兵は軍事上の重要施設の守備に当たっていたといいます。でも、私が小学生のころはのどかなものでした。港湾税関もありましたっけ。

鴨緑江を渡れば、そこはもう満州。対岸の安東（現丹東）は交通の要衝で、いまも中朝貿易最大の物流拠点です。新義州よりずっと開けていて、駅前には南満州鉄道が経営するヤマトホ

鴨緑江の氷上で行われたアイスホッケー＝1929年（日本電報通信社撮影・共同）

テル系列のホテルもありました。郊外の鎮江山《ちんこうざん》は桜の名所で、家族でお花見に出掛けたのを覚えています。

新義州から安東への足は船か鉄道が一般的ですが、1キロほどの鉄橋を子どもだけで歩いて渡ったこともあります。これといった目的があったわけではありません。安東はそれぐらい身近な街でした。

最後のハナハト学年

1932（昭和7）年、新義州尋常高等小学校に入学しました。児童数は2千人前後でした。新義州という街の大きさが想像してもらえるかと思います。

韓国併合（1910年）以来、朝鮮は日本の統治下にありましたから、私が受けた学校教育は中身も制度も内地（日本）と同じでした。朝鮮人、満州人（中国人）の小学校は別にありました。

1年生の時に使った国語の教科書は「ハナハト読本」です。「ハナ　ハト　マメ　マス」で始まる教科書で、次の年からは「サイタ　サイタ　サクラ　ガ　サイタ」の「サクラ読本」に改訂されました。「ハナハト」は私たちが最後の学年ということになります。

唱歌の授業で覚えているのは、音の表記が「いろはにほへと」だったこと。敵国語の使用が禁止されていたため、「ドレミファソラシ」は使っていませんでした。音符もなかったと思います。音階は楽譜ではなく耳で覚えていたはずです。

それ以外にもテニスは「庭球」、ＡＢＣは独語の発音でした。地理の授業では、水深日本一の田沢湖について習いました。母が秋田出身だったこともあり、よく覚えています。もちろん、その時は自分が後に田沢湖病院の看護婦長になるなんて、想像もしていませんでした。

授業を中断し、中国に出征する兵隊さんたちを見送ったことも記憶しています。学年単位で新義州駅に出向き、日の丸の小旗を振ったり軍歌を歌ったりしました。いま考えると、あの兵隊さんたちは関東軍を後方で支援するための部隊だったのかもしれません。軍歌も「戦友」は歌いませんでした。

日中戦争が始まったのは私が６年生の時です。戦地にいる兵

8年間通った新義州尋常高等小学校（新緑会刊「鴨緑江」特別号）

隊さんたちの苦労をしのび、毎週金曜日にはおかずが梅干し1個だけの日の丸弁当を持参して登校するよう指導されました。

少しずつ戦時色が濃くなってきたとはいえ、新義州はまだのどかでした。少なくとも、私の周りはそうでした。民族間の対立もなければ、日本人による差別もありませんでした。

■満州で看護婦に

看護の道へ一歩記す

小学校課程を終え2年制の高等小学校に進んだのは、家庭の事情からでした。私の後には弟2人が控えていましたから、お金の掛かる女学校に通う余裕はとてもありませんでした。

高等小学校を卒業した後は、看護婦を目指して満州・安東（現丹東）にあった南満州鉄道株式会社（満鉄）の安東医院看護婦養成所に入りました。

母から「手に職を付けなさい」と言われていたことが進路選択の理由でしたが、看護婦は当時の少女たちにとって憧れの職業でもありました。

入学は14歳になったばかりの1940（昭和15）年春です。受験資格があるのは15歳以上でしたが、知らずに受けて通っちゃった。17歳にならないと取れないはずの看護婦の資格も、なぜか私は16歳で取得できた。いまだによく分かりません。めちゃくちゃな時代でした。

同期生は私を含め20人で、内地（日本）からの入学者がほとんどでした。もちろん私は最年少。年齢の上限はありませんでしたから、同期には20歳の人もいました。養成所は2年制。新義州の自宅からは目と鼻の先でしたが、全寮制でしたので、生まれて初めて親元を離れて暮らすことになりました。

授業は午前が講義、午後が実習。看護の基礎をたたき込まれました。あいさつ、掃除、食堂での給仕など上下関係も厳しかったですね。養成所は病院敷地内にあって、寮には学生以外に看護婦も住んでいました。新入生にとって雲の上の存在です。

ナースキャップのラインの色は養成所の1年生が赤で2年生が水色。看護婦になると紫で、主任は2本線で

満鉄経営の安東医院。看護婦養成所が付属していた

した。しっかり格付けされていたんですね。

入学した年は日米開戦の前年でしたが、安東の街は平和でした。満鉄経営の協和会館というホールでは李香蘭や東海林太郎の公演を見ました。舎監（寮長）の婦長の目を盗んで寮を抜け出し、焼き芋を買いに行ったことも懐かしい思い出です。

街に漂う不穏な空気

1941（昭和16）年12月の日米開戦は別世界の出来事でした。日本人ではあっても、生まれてこの方、日本には一度も行ったことがありません。私にとって日本は「外国」でしかなかったのです。

南満州鉄道（満鉄）安東医院看護婦養成所2年生だった私の関心事は、卒業後の配属先でした。養成所の学生は学費や食費が掛からない代わりに、卒業後2年間は満鉄系列の病院勤務が義務付けられていました。私の希望は、当時花形といわれた外科勤務でした。

看護婦の国家試験は在学中に大連で受けました。同期20人のうち、合格したのは15人ほど。養成所での私の成績はいつも真ん中ぐらいでしたが、どうにかパスしました。配属先は養成所が付属していた安東医院（病院）。外科の希望はかなわず、小児科と産婦人科の混合病棟勤務となりました。

いまだから話せますが、仕事は退屈でした。養成所時代はナイチンゲールについて繰り返し教えられてきました。病棟勤務に物足りなさを感じていたのは、勇敢なナイチンゲールに憧れ看護婦のイメージを勝手に膨らませていたせいだったと思います。

平和だった安東（現丹東）の街にも少しずつ不穏な空気が漂い始めていました。対立関係にあった中国国民党と共産党は抗日で手を結び、市街地には日本軍を襲撃するため「便衣兵《べんいへい》」が民衆に紛れ込んでいるといううわさが流れていました。

安東と奉天（現瀋陽）を結ぶ満鉄の安奉線では、小規模な爆破テロもありました。負傷者救助の要請を受け、看護婦が現場に出向くことも度々あったように記憶しています。

少し後の話になりますが、米軍の

日米開戦直前の看護婦養成所2年の時（左）。右は長姉のフミ

空襲は44年ごろから日本本土だけでなく、満州各地にも及ぶようになりました。満州は抗日と太平洋戦争の二つの舞台だったのです。

奉天の結核療養所へ

看護婦としての駆け出しを安東（現丹東）の満鉄安東医院で1年過ごした後、奉天（現瀋陽）にあった同じ満鉄系列の結核療養所に異動することになりました。１９４３（昭和18）年春のことです。

療養所に赴任するはずだった別の看護婦が結核に感染し、代わりを探していたので、私が手を挙げました。当時はすっかりナイチンゲールかぶれしていましたから、病院勤務に物足りなさを感じていました。刺激を求めていたんですね。

ただ、着任早々受けたツベルクリン反応の検査で、結核の抗体を持っていないことが分かりました。感染した場合、重症化する恐れがあると警告されましたが、その時はその時だというぐらいの気持ちでした。

希望に胸を膨らませて赴いた新天地でしたが、実際の仕事は検温と服薬管理ぐらい。当時、治療薬はまだ開発されていませんでしたので、患者は安静にしていることが基本でした。医師3人と看護婦9人がいましたが、やることがないんです。

結核治療は患者を隔離することも重要でした。そのため療養所は市街地から離れた丘の上に置かれていました。近くには軍服を製造・調達する旧陸軍の被服廠《ひふくしょう》や農業大学がありました。

楽しみと言えば、奉天市街地にあった青年学校（勤労青少年のための教育機関）への週1回の通学でした。自分のあずかり知らぬところで通うことになっていました。

奉天は桁違いの大都会でした。授業が終わると、同じ療養所の看護婦と連れ立って映画を見たり、百貨店巡りをしたりしました。療養所行きの最終バスには、いつも乗り遅れていました。暗い夜道を駅から1時間かけて歩いて帰っては、先輩から大目玉

一緒に働いた看護婦たち。奉天の結核療養所（後方の建物）で

を食らったものです。

療養所勤務2年目の冬には、なじみだった奉天駅前が米軍の空襲に遭いました。戦争の影は確実に忍び寄っていました。

館内放送で終戦知る

奉天（現瀋陽）の結核療養所には2年いましたが、仕事に満足することはありませんでした。とにかく、退屈極まりなかった。

在職中、こんなことがありました。日本赤十字社の従軍看護婦の募集に、こっそり応募したんです。願書には保護者の押印が必要でしたから、旧姓の「島田」のはんこは〝偽造〟しました。

私が勝手に応募したことは満鉄の奉天鉄道局に勤めていた義兄の知るところとなりました。義兄に「戦地に行くことがどういうことか分かっているのか」と、こっぴどく叱られ、従軍看護婦の道は閉ざされました。

それればかりか、義兄は無鉄砲な私を案じ、親元に近い安東（現丹東）へ帰す手はずを整えてしまったのです。こうして1945（昭和20）年4月、満鉄安東医院に戻ることになりました。

2年ぶりの安東の病院は、表向きは何も変わっていませんでした。ただ、医師の何人かは軍医として駆り出されていましたから、診療態勢は以前に比べて少し縮小していました。

それと、給食配膳の中国人作業員の態度が妙によそよそしくなったことに気付きました。はっきり「日本は負けるぞ」と言われたこともありましたが、信じていませんでした。

8月になると、満州北部や中国の華北地方から大量の日本人避難民が朝鮮を目指し、汽車で安東に入ってきました。特にソ連が満州に軍事侵攻した9日以降は、避難民の数は増える一方でした。

そして15日です。「重大発表があるので講堂へ集まるように」という館内放送がありました。

奉天の結核療養所勤務時代。仕事には満足していなかった

私は重症の小児看護のため出席できませんでした。玉音放送は館内放送で聞きました。同僚たちが泣きながら戻ってきたのを覚えています。日本が戦争に負けたことは理解できましたが、その時は目の前の患者の処置で手いっぱいでした。

小銃抱えソ連兵侵入

1945（昭和20）年8月15日、正午の玉音放送の後、上司から「身寄りのある者は直ちに病院を離れるように」との指示がありました。6日前に対日参戦したばかりのソ連の影が迫っていました。

自動小銃を抱えたソ連兵が病院に入ってきたのは、その直後です。歯科医に「金歯を入れろ」と言って脅す男もいましたし、女性兵士も見掛けました。両腕にびっしり腕時計をはめた大男もいたといいます。きっと日本人から略奪したんでしょう。

幸い、乱暴されるようなことはありませんでしたが、怖かったですね。野獣のような匂いをぷんぷんさせながら、そこらじゅうをうろうろしているものですから、気が気ではありませんでした。「ソ連はシベリアの囚人を送り込んできた」といううわさも飛び交っていましたので、うかつに外出もできませんでした。

鉄道は終戦後もしばらくの間は動いていました。安東（現丹東）駅に満州北部や北京などから来た日本人避難民の救護に出向いたこともあります。駅には朝鮮経由で日本を目指す人たちであふれかえっていました。みんな憔悴《しょうすい》しきっていました。

後から聞いた話ですが、ソ連が参戦するという情報を得た関東軍の幹部は、満州とソ連の国境警備に当たっていた軍隊の一部を南下させ、自分や家族の身辺警護に付けたといいます。戦争で惨めな思いをするのは、いつの時代も民間人です。

私の家族ですが、終戦時はばらばらでした。新聞社に勤めていた父は本社のあった奉天（現瀋陽）に、母は鴨緑江を挟んだ安東対岸の朝鮮・新義州の実家にいました。長姉は奉天に嫁いでいましたし、上の弟は奉天の工業大学に通っていました。予科練（海軍飛行予科練習生）に志願していた下の弟は内地（日本）で終戦を迎えました。

奉天の結核療養所から安東医院に戻ったばかりのころ

家族の消息は一切分かりませんでした。新

義州の母の元に向かおうにも鴨緑江を渡るすべがありませんでしたし、何より危険でした。

空き家で診療所開業

安東（現丹東）の街は混乱を極めていました。満鉄安東医院も、いよいよ診療を続けることが難しくなっていました。入院患者も重篤な人を除き、退院してもらっていました。

先輩看護婦から「三善《みよし》先生が日本人居留民のための診療所をつくるって。ここにいたら危ない。チヨちゃん、一緒に行こうよ」と誘われたのは、そんな時でした。三善先生とは安東医院小児科長の三善貞輝《さだてる》先生です。

診療所には空き家を使わせてもらいました。高い塀に囲まれた大邸宅でした。私たちは「日僑《にっきょう》救護所」と呼んでいましたが、中国人に悟られないよう看板は掲げず、ひっそりと診療を始めました。終戦から程ない残暑の厳しいころでした。

医師は三善先生だけ、看護婦は私と先輩、それに市立病院にいた3人。スタッフには日本人の市役所職員や軍人もいました。無給でしたが、日本人が一緒だという安心感がありました。

病室には応接室を充てました。発疹チフスが流行し、多いときには10人以上が重なるように横になっていました。ガーゼや包帯が不足し、閉鎖した診療所に忍び込んだこともあります。

そこもすぐに中国人の知るところとなりました。重い刺し傷を負った日本人男性の治療に当たっている最中、中国人暴徒が「いま入って来た男を引き渡せ」と怒鳴り込んできたことがありました。慌てて天井裏にかくまい「そんな者はいない」と押し返すと、今度は天井をやりで突き始めるではありませんか。あれには肝を冷やしました。

病院時代の主任看護婦が幼子を背負って来院し

日僑救護所前で。前列中央で足を組んでいるのが三善先生。医療従事者以外に元軍人や市役所職員もいた

たこともありました。事情を聞くと、警察官だったご主人が中国人に銃殺されたとのことで、死亡診断書がほしいというのです。

日本人の憲兵や警察官が縄で縛られ、街中を歩き回され、鴨緑江の岸辺に並べられて銃殺されたという話、中国人のリンチに遭ったという話も耳にしていました。平和だった安東も無政府状態と化していました。

■ あれが徴用だったのか

救護所にも危険迫る

終戦直後から安東（現丹東）の邸宅でひっそりと開業していた「日僑救護所」にも危険が迫っていました。救護所の存在が中国人暴徒の知るところとなり、いつ襲撃されるか分からない状況だったのです。

満鉄安東医院の外科の先生が所長の三善貞輝先生を訪ねてきたのは、そんな時です。外科の先生は共産党軍（八路軍）に徴用されることになったと話していました。

八路軍が国民党軍との内戦再開に備え、後方の野戦病院で負傷兵の治療に当たる日本人の医療従事者を血眼になって探していたという話を知ったのは、それからだいぶ後のことです。

外科の先生は「技術者」（医療要員）が不足しているとも言っていました。中国側から医療職を集めてこいと命令されていたのだと思います。一通り話を聞いた三善先生が私に言ったのは「安東はこれからもっと危なくなる。外科の先生と行動を共にしろ」ということでした。

旧満州（中国東北部）では日本への引き揚げどころか、移動の自由も制限されていました。安東医院時代の同僚が集められているという安心感も手伝い、行くことにしました。

集結地の鶏冠山《けいかんざん》（安東の北西約60キロ）に到着したのは１９４５（昭和20）年の暮れか年明けだったと思います。満鉄の社員寮を改装し、病院として整備されていました。

鶏冠山には元同僚のほか、近隣の病院の日本人看護婦や満鉄社員、それにかつての満蒙開拓青少年義勇軍や女学校の生徒も集められていました。全部で１００人ぐらいだったと思いますが、正確な数は分かりません。技術者以外は炊事班や担架班、介護班などとして働かされることになる人たちです。

鶏冠山には看護婦養成所時代、温泉や釣りに出掛けたこともあります。私にとって懐かしい場所です。だから、八

路軍に引っ張られたという意識は全くありませんでした。いまだに「あれが徴用だったのか」と思うぐらいです。

見えない敵から逃走

集結地だった鶏冠山の病院を後にし、鴨緑江沿いを東に向かったのは1946（昭和21）年6月ごろだったと思います。移動命令は何の前触れもありませんでした。国民党軍が共産党軍の足元まで迫っていた、というのは、ずっと後になって知った話です。当時は自分が共産党側に所属していることさえ理解していませんでした。

〈中国共産党と国民党の武力衝突は、37年に抗日で手を結んだ後も頻発。45年8月29日から10月10日にかけ臨時首都の重慶で内戦回避に向けた和平交渉を続けた（重慶会談）。共産党側代表は毛沢東、国民党側は蒋介石《しょうかいせき》。統一中国建設に関し、いったんは合意したが、その後決裂。46年6月、内戦に突入した〉

行軍といえば響きはいいですが、内戦初期は国民党軍が優勢で、来る日も来る日も深い山の中を歩かされてばかり。どれだけ歩けば目的地に着くのか分かりませんでしたし、そもそも目的地がどこかも教えられていませんでした。背後からの見えない敵におびえ、行軍から遅れたら命はないと信じていました。

前線の負傷兵を手当てするのが私たちの任務でしたが、行軍が始まってからしばらくは治療に当たった記憶がありません。同じ部隊に従軍した日本人が後にまとめた本を読むと、確かに戦闘はあったらしいのですが、覚えていません。敵に追われている恐怖だけが心に刻まれたからかもしれません。

食事は途中の村で食料の提供を受け、炊事班が用意していましたが、山あいの寒村で手に入る食料など、たかが知れています。行軍中は白いご飯をおなかいっぱい食べたいということばかり考え

和平交渉で蒋介石国民党主席（右）と乾杯する毛沢東共産党主席＝1945年、重慶（UPI）

ていました。

従軍から程なくして、日にちの感覚を失いました。季節が冬に変わったことは肌を刺すような中国東北部の寒さで知りました。私たちは依然として鴨緑江沿いを東へ進んでいました。

所属は第4後方医院

国共内戦の再開当時、旧満州（中国東北部）の共産党軍は「東北民主連軍」と呼ばれていました。医療要員として徴用された日本人は3千人とも6千人とも言われています。

私が所属したのは東北民主連軍の「遼東軍区衛生部第4後方医院」です。国民党軍との内戦に備え、満鉄系列病院の医療従事者のほか、工場や鉱山などから日本人技術者たちを集め、朝鮮との国境に近い桓仁《かんじん》で編成したといいます。鶏冠山に拠点を移したのは、それから少し後のことだったそうです。

第4後方医院の傘下には三つの「所《しょ》」（分院）があって、私は「2所」に配置されました。所を統括する組織は「院部」（本院）といいました。

前線の部隊が移動を始めれば、私たちも移動します。食事中であろうと治療中であろうと、移動命令が最優先です。目的地がどこかは一切知らされません。従軍した4年間、一貫してそうでした。それぞれの所は院部の指揮で動いていました。ほかの所がどう動いていたのかは、いまもって分かりません。

次の目的地に野戦病院を設営するのは先遣隊の技術者たちの役割でした。民家や空き校舎などを病院として利用していました。難しい手術は所の後方の院部で行いましたが、簡単なものは所でもやっていました。

内戦の初めのころは、一緒に行軍した中国人の警備兵や衛生兵から、よく「日本鬼子《リーベングイズ》」と言われたものです。「日本の畜生ども」という意味で、日本人に対するこれ以上ない蔑称です。救護に当たった負傷兵から言われたこともあります。きっと、日本軍と戦った

鶏冠山近くの東鶏冠山は日露戦争の激戦地として知られる。帝政ロシアが築いた陣地は観光地としても人気だ（共同）

とのある兵隊だったのでしょう。

言葉の暴力はやがてなくなりました。軍の指導でしたが、私は彼らが日本人を尊敬し始めたからだと思っています。戦闘が激しくなるにつれ、日本人は身を粉にして働きましたから。

敗走、また敗走の日々

1946（昭和21）年の冬は中朝国境の鴨緑江中流の五道江《ごどうこう》にいたはずです。ただ、あの当時の記憶はおぼろげです。何とも頼りない話ですが、行軍の目的地は教えられていませんでしたし、カレンダーがあったわけでもありません。

従軍した日本人医師が、薬剤師と一緒に朝鮮へ逃亡を図ったのは、そのころだったと思います。凍結した鴨緑江を歩いて渡りきったそうです。先生は後方医院傘下の「3所《しょ》」（分院）に所属する唯一の医師でした。

人づてに聞いた話では、先生は逃亡前に「自分がいなくなれば負傷兵の手当てができなくなり、3所も存在理由を失う。そうなれば3所の日本人は解放されるはずだ」と話していたそうです。先生なりの抵抗だったと思います。

行軍の実態は相変わらず逃避行でした。前線の部隊が国民党軍の勢いに押され、部隊後方のわれわれ医療要員も後退しているという状態でした。本来私たちの前にいるはずの部隊が、私たちを追い掛ける形で敗走している格好です。

冬ざれの鴨緑江を背にして北へ向かい、年が明けてから通化《つうか》近郊に到着しました。そこで地元の農家から衝撃的な話を聞きました。1年前に起きた「通化事件」のことです。

〈通化事件は46年2月、中国共産党軍支配地域の旧満州・通化で起きた、共産党軍と朝鮮義勇軍による日本人居留民の大量虐殺事件。拷問や銃殺などで約3千人が死亡した〉

共産党軍に従軍していた私たちにとっては身のすくむような話でしたが、実際は技術者をはじめとする日本人への処遇は悪くなかったと思います。特に医師に対しては、食事でも中国人と同じ扱いでした。医師の士気を保たなければ、内戦を続けることもおぼつかないと考えていたのかもしれません。

逃亡を図った先生と薬剤師は朝鮮への越境に成功した直後、国境警備隊に見つかって送り返されたといいます。軍からのおとがめはなかったようです。

つらかった砂漠行軍

戦況は1947（昭和22）年春ごろから共産党軍が優勢に転じたといいますが、そんな実感はまるでありませんでした。

旧満州（中国東北部）を行軍中、国民党軍との武力衝突はあったはずです。担架要員が足りず、途中で立ち寄った集落で協力をお願いした記憶があります。前線で負傷した兵隊を後方に設けた医院に搬送してもらったんです。

重傷を負った兵隊はまだ少なかったように思いますが、私の記憶違いかもしれません。追い掛けてくる国民党軍への恐怖心でいっぱいでしたから。

つらかったのは内蒙古の砂漠地帯です。1週間ぐらいで越えたので、多分ほんの少し、かすめた程度の距離だったと思いますが、行軍は砂に足を取られ、まるで足踏みでもしている状態でした。荷物の運搬は馬とラクダでしたが、砂漠では馬が役に立たないことを知りました。

食事にも困りました。コーリャン（高粱）を炊こうにも井戸水に砂が交じっていて、食べられたものではありません。日本人の多くは砂を食べたら盲腸になると信じていたので、手をつける人はいませんでしたね。

潮目が変わったことを意識したのは、万里の長城を間近にしたころでした。共産党軍が優位に立っていることは、兵隊の表情の明るさに表れていました。「俺たちは勇敢な林彪《りんぴょう》（共産党軍司令）の軍隊だ」と誇らしげに叫ぶ兵隊もいました。

後で知りましたが、その時点で鶏冠山《けいかんざん》を出発してから2年以上たっていたそうです。負傷兵を治療するためというよりも、行軍のための行軍でした。私

共産党軍との戦闘で破壊された旧満州・長春の市庁舎ビル。国民党軍が司令部として使っていた＝1946年6月（ACME）

には歩かされたという記憶しかありません。

〈共産党主席の毛沢東は、内戦の初期から支配地域を固守せず「運動戦」を展開するよう全軍に指示していた。一時的に支配地域を放棄し、敵を誘い込んで一網打尽にするという戦術だったといわれる〉

長城の東端、山海関に

われわれ共産党軍は旧満州（中国東北部）を越え、山海関《さんかいかん》に至りました。一緒に従軍した日本人の手記によれば、1948（昭和23）年11月ということです。

〈山海関は万里の長城の軍事要衝の一つ。長城のほぼ東端にあり、東北と華北を隔てる。城郭は四角形で、四方を囲う城壁は一辺が長さ約4キロに及び、高さ14メートル、厚さ7メートルあった〉

共産党軍が山海関に入ったことは、旧満州全域を支配したことを意味します。軍は「解放」と言っていました。東北部からの国民党軍の南進と、東北部への北進を防ぐ要衝を押さえたということでもありました。「三大規律八項注意」を高らかに歌いながら入城したのを覚えています。

〈三大規律八項注意は共産党軍の軍紀。内容は「指揮に従え」「民衆の物は針一本取るな」「人をののしるな」など。中国建国までスローガンに掲げ、大衆への浸透を図った〉

山海関には休養を兼ねて何日かいました。印象深いのは城門に掲げた「天下第一関」という巨大な横額。東から数えて長城の最初の関所という意味です。ちなみに旧満州の「関東州」「関東軍」は、山海関の東側ということに由来するそうです。

満州に居留していた私たち日本人からすれば、山海関の先は外国です。日本人の間には、この先どこまで従軍すれば解放されるのかという不安と、ひょっとしてここで解放してもらえるんじゃないかという期待が入り交じっていたように思います。

ほとんどが東北部出身だった中国人の兵隊たちにとっても、関内（山海関の南）に入ることには格別の感傷があったと思います。故郷を遠く離れる不

万里の長城の要衝の一つ、山海関（共同）

安と寂しさを感じていたのではないでしょうか。

それぞれがさまざまな思いを胸に、山海関を後にしました。内戦の「三大戦役」の一つといわれる天津での戦いが始まろうとしていました。

これが本当の戦争だ

共産党軍に従軍していた私たち医療要員は、天津での「平津戦役《へいしん》」に備え行軍を再開しました。

〈平津戦役（1948年11月29日〜49年1月31日）は第2次国共内戦の「三大戦役」の一つ。緒戦から共産党軍が国民党軍を圧倒し、天津や北平（現北京）など華北地方の大部分を制圧した。両軍の戦死者は共産党軍が4万、国民党軍が52万に上るといわれる〉

野戦病院は天津の約35キロ南西の独流鎮《どくりゅうちん》に設営することになっていました。既に戦闘が始まっていた天津を迂回《うかい》しながら、徒歩と馬車で夜を徹して現地を目指しました。援軍兵士もトラックで先を急ぎました。天津の方向からは大きな火柱が立っているのが見え、大砲の爆音が聞こえてきたのを覚えています。途中、機銃掃射を受け、草やぶに伏せて助かりましたが、馬は死にました。心底「これが本当の戦争なんだ」と思いました。

独流鎮に着くと、すぐに医院の開設に取り掛かりました。その最中にも前線からは負傷兵が次々に運び込まれてきましたので、収容は全く追い付かない状態でした。

負傷兵の多さといい、けがの程度といい、それまでとは桁違いでした。病室は足の踏み場もないほどです。ガーゼや包帯がすぐに底を突き、大きな鍋で煮沸し、せいろで蒸して使い回していました。

日本人の医療要員はみんな、不眠不休で治療に当たっていました。食事も満足に取れませんでした。私も壁に寄りかかってうとうとする程度で、医療要員のために用意された宿舎には一晩か二晩しか寝泊まりしていなかったはずです。

負傷兵のため、日本人は輸血にも率先して協力していました。私はO型です。当時はどの血液型にも適合するといわれていましたから、誰彼となく提供しました。

日本人がわが身を顧みることなく、多くの中国人の命を救ったのは歴史的事実です。こうしたことが伝えられていないのが残念でなりません。いまの人たちに、ぜひ知ってほしいと思います。

軍籍離れ平和を享受

看護婦長倒れ後任に

後方医院を天津郊外の独流鎮に開設してしばらくたったころ、思いがけないことが起きました。過労で中国人の護士長（看護婦長）が倒れてしまったんです。中国人の女性院長から「後任を務めろ」と命じられたのが私でした。22歳の時のことです。

前線の天津からは負傷兵が次々に運ばれてきていました。不眠不休でふらふらな上に、けがの程度に応じて治療の優先順位を決めたり、看護婦助手の「看護員」を指揮したりという婦長の仕事が加わりました。

日本人は本当に一生懸命でした。医師は重曹を飲んで胃痛を抑えながら手術を続け、前線と医院を行き来する担架班も休みなく働いていました。みんな目の前の命を救いたいという一心だったと思います。

「痛い」「苦しい」といううめき声が、夜通しあちこちで上がっていました。頸椎《けいつい》に銃弾を受けた兵隊のことは忘れられません。まだ幼さの残る少年でした。首から下がまひした状態で、よほど苦しいのか、ずっと「媽媽《マーマー》（お母さん）」と叫んでいました。注射器の水を口から含ませてあげましたが、あの時、私に向けた悲しげな目を思い出すと、いまでも胸が締め付けられます。

後で知りましたが、独流鎮にいた1カ月余りで、私たちの所属していた「第4後方医院」が受け入れた負傷兵は4千人に上ったそうです。

〈天津での戦いが終わった後の1949（昭和24）年3月、東北部の共産党軍が第4野戦軍に再編されたのに伴い、第4後方医院は「第4野戦軍後方勤務衛生部第9後方医院」と改称された〉

私たちに移動命令が下ったのは激戦も峠を越えたころでした。手当てを済ませた負傷

都市化が進む現在の天津。国共内戦では戦火に見舞われた（共同）

兵はその場に残し、後方から来る別の医院に引き継ぐことになっていました。相変わらず、どこへ向かうのかという情報は一切与えられませんでした。

政治学習は馬耳東風

共産党軍に従軍していたわれわれ医療要員は、激戦地の天津を後にし、南下を始めました。1948（昭和23）年の暮れか、年が明けた49年初めだったと思います。旧満州（中国東北部）をぐるぐる逃げ回っていた内戦初期に比べ、天津から先は駆け足でした。負傷兵の受け入れはそれほど多くなかったように記憶しています。大勢は共産党軍勝利で決していました。

従軍した部隊の兵隊は、ほとんどが東北部の出身でした。勇猛さを誇っていて、二言目には「俺たちは林彪《りんぴょう》の部隊だ」と言っていました。それはもう鼻につくぐらいでした。

〈林彪（1907～71年）は日中戦争で八路軍を指揮し、国共内戦でも共産党軍の司令を務めた。中華人民共和国建国後は共産党ナンバー2に。71年、

共産党軍の司令だった林彪（UPI）

毛沢東暗殺を企てたが失敗、旧ソ連への亡命途中に墜落死した〉

戦火が弱まり、多少の余裕が生まれてくると、日本人への政治学習が本格化してきました。テーマは階級社会批判、日本帝国主義批判、人民革命の意義などでした。日中戦争中、共産党から教育を受けた日本人の「政治指導員」が講師を務めていました。

真面目に受講している人もいましたが、私は聞き流していました。自分の本懐は看護婦として技術を磨くことにあると考えていましたから。講義はちゃんと聞いていませんでしたが、その分、中国人の補助看護員には包帯の巻き方や体の仕組みについて一生懸命教えましたよ。

所属していた後方医院の中国人女性院長と、ご主人の医務科長には公私にわたり何かと気に掛けてもらっていました。ご夫妻とは数年前まで手紙のやりとりをしていたほどです。私にとって大切な「老朋友《ラオポンヨウ》（旧友）」です。

南下は続きます。黄河を渡った時は、さすがに感慨深いものがありました。「ついにここまで来たのか」と言ったのを覚えています。

敗残兵は闇夜に潜む

南下した先々では大規模な戦闘こそなかったものの、行軍は決して楽ではありませんでした。

長江（揚子江）に近い大別《たいべつ》山脈の麓の村に着いた時のことです。私たち医療要員は、別の部隊の医療要員から治療を受けた負傷兵を引き継ぎました。辺りにはまだ硝煙が立ち上っていて、ついさっきまで戦闘があったかのようでした。

共産党軍の支配地域に負傷兵を運ぶため、トラックで山越えをすることにしたのですが、必要な台数を確保できません。そこで、比較的軽傷の5、6人を残し、翌日再びトラックに来てもらうことになりました。警備兵や衛生兵と一緒に、私もその村で一夜を過ごしました。

トラックが戻って来たのは早朝です。警備兵が負傷兵のいる空き家へ迎えに行ってみると、何と全員が殺されているというではありませんか。

国民党軍の敗残兵が一帯に潜んでいるという話は聞いていました。私は負傷兵のいた民家から離れた別棟に寝ていましたので気付きませんでしたが、まかり間違えば私が殺されていたかもしれません。所属していた後方医院の院長は「おまえたちが無事で良かった」と言ってくれました。

南下はさらに続きます。長江を越え、洞庭湖《どうていこ》の周りの常徳《じょうとく》、長沙《ちょうさ》ではマラリアや赤痢などの感染症にかかる兵隊が多く出ました。精神を病む兵隊がたくさん出てきたのもこのころです。従軍生活は3年に及んでいましたから、故郷が恋しくなる者が多かったように思います。戦闘はほぼ終結していましたので、負傷兵を受け入れることはほとんどありませんでした。

中華人民共和国建国を宣言する毛沢東共産党主席＝1949年10月1日、北京・天安門（ANS＝共同）

毛沢東が中華人民共和国の建国を宣言した1949（昭和24）年10月1日は、南部の衡陽《こうよう》にいました。北京がどんな様子だったかは知るよしもありませんが、少なくとも私の周りに高揚感はなかったように思います。

軍命下り医師になる

衡陽からは貨車に乗って南に下りました。降車した桂林では戦闘はほぼ収まっている様子でした。ベトナム国境に近い柳州《りゅうしゅう》で何日か過ごした後、衡陽へ引き返しました。戦地後方で負傷兵の治療に当たる医療要員としての任務は事実上、終わりました。1950（昭和25）年春のことです。

〈共産党との内戦に敗れた国民党の最高指導者、蒋介石は49年12月、中華民国の中央政府機構を台湾に移し、台北を臨時首都とした。49年10月に中華人民共和国成立を宣言した共産党の毛沢東主席は、兵力を50年6月に始まった朝鮮戦争に移した〉

同志である朝鮮人介護員の班長は、戦闘が繰り広げられている朝鮮半島に向かいました。「母国解放のため」と言っていました。私は同志の肩に左手を添え、右手で固く握手を交わして「お元気で。成功を祈ります」と言って見送りました。

中国人介護員の何人かは、北京の軍医学校に進学しました。この人たちも、中国語の下手な私から看護学を学んでくれた同志です。「謝々（ありがとう）」「再見（さようなら）」と別れのあいさつをしました。目と目を合わせ、固い握手をしたことが思い出されます。

4年に及んだ行軍も終わり、衡陽に落ち着くことになりました。新しい配属先は、共産党の指揮下にあった鉄道軍衛生部。後方医院を再編した組織です。そこで私は、医師養成機関の医務幹部訓練所へ入所するよう言い渡されました。

新中国が医療従事者の養成を急いでいたとはいえ、高等小学校出の人間に、いきなり大学の医学部のような所に通って医者になれというのですから無理無体な話です。それでも軍の命令ですから逆らうわけにはいきませんでした。

一緒に入所したのは10人前後で、日本人は私ともう一人。講義は解剖学や生理学、それに聴診器で心音や呼吸音の微妙な違いを聞き分ける「物理診断」などの実践的な内容が中心です。

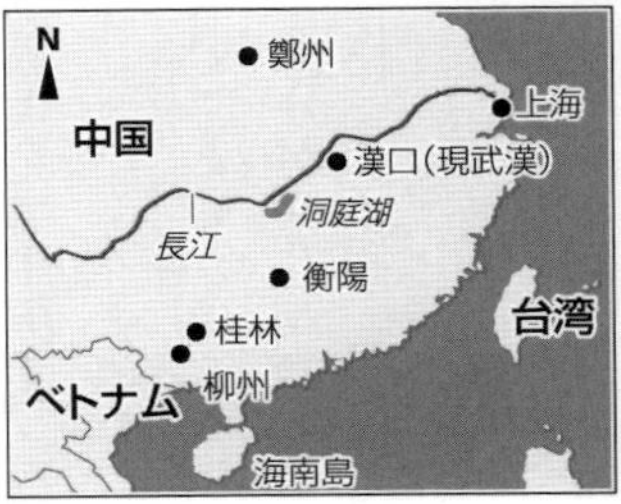

講師は奉天（現瀋陽）医科大出身の医師と哈爾浜《はるびん》医専の医師で、講義は全て中国語。専門用語が分からず、講義が終わると先生を質問攻めにしました。

養成所での半年間は勉強漬けでした。「日本人として負けられない」という子どもじみた考えで必死に頑張りました。大陸生まれの私にとって、初めて自分が日本人であることを強く意識した時期でもありました。

資格試験に合格したのは私と1人の中国人だけ。私は、補助医師という意味の「医助」になりました。

ついに軍籍を離れる

医師の補佐役の「医助」になった私は、衡陽にあった鉄道軍衛生部所属の診療所に勤務することになりました。１９５１（昭和26）年のことですが、季節は覚えていません。

そのころになると、衡陽の辺りに腕のいい日本人医師はいなくなっていました。共産党幹部の多い北京などの病院に配属されたそうです。診療所は所長と私の２人だけ。兵隊専用の軍医です。補佐役とはいえ、ちょっとした風邪や腹痛などは私も診ていたんですよ。

郊外にある部隊の駐屯地へは、よく往診しました。乗馬を覚えたのは、そのころです。所長から往診には馬を使うよう言いつけられていましたから。往診に同行してくれた内蒙古出身の衛生兵が馬の扱い方を教えてくれました。往診先は数十里（１里は約４キロ）も離れている部隊です。衛生兵が２人、小銃を携えて必ず私に同行してくれました。乗馬で初めて尻の皮がむける経験をしました。

内戦が終わって日が浅かったこともあり、衡陽の街にはまだ不穏な空気が残っていましたが、従軍時代に比べれば穏やかな日々でした。

日本への引き揚げが現実的になってきたのは、勤め始めて1年以上たった52年の終わりか53年の初めだったと思います。鉄道軍衛生部からの指示は「日本人は軍籍を離れること」「各地でいったん、それぞれ職に就き、帰国準備をすること」でした。私は黄河に近い鄭州《ていしゅう》の病院に勤務し、引き揚げの連絡を待つことになりました。

〈国交のなかった日中間の日本人帰国交渉は、日本赤十字社と中国紅《こう》十字会の間で50年から始まった。女性運動家で参院議員の高良《こうら》とみ、日赤

日中戦争中の衡陽市街地。昔から水陸物流の拠点だった＝1944年（共同）

社長の島津忠承《ただつぐ》らの尽力で中国側は53年3月、日本人の帰国に合意した。中国側は交渉の途中段階で残留日本人に対し帰国の準備をするよう既に指示していたという〉

鄭州は衡陽以上にのどかな街でした。到着早々、洋服屋さんで人民服をあつらえたのを覚えています。軍服はその時、脱ぎました。平和を実感しました。

〝戦後〟の平和を享受

鄭州の病院には、私を含め7人の日本人スタッフがいました。半年ほどいたはずです。帰国が間近だということは、日本人全員がうすうす分かっていたと思います。ただ、日本で生まれ育った他の日本人のように、浮き立つような気持ちにはなれませんでした。私にとって日本は生まれてこの方、一度も行ったことのない外国でした。中国に残れと言われれば、それでもいいと思っていたぐらいです。あのときの気持ちは、二つの祖国が内在する者にしか分かってもらえないかもしれません。

鄭州で初めて日本のラジオ放送を聞いたときも、他の日本人のように里心がつくことはありませんでした。「これが美空ひばりか」と思った程度です。

診療には医助（補助医師）の私と漢方医の先生が当たっていました。病院といっても4床しかなく、私がいた間は入院患者が一人もいませんでした。

仕事の割に給料はびっくりするぐらいもらっていました。札束が分厚いんです。同僚の看護婦たちを食事に連れていったり、夜な夜なダンスホールに出掛けたりしたものです。そこでは「荒城の月」を聞いた事もあります。鄭州は平和そのもので、夜でも普通に出歩けました。ようやく訪れた〝戦後〟を存分に楽しみました。

鄭州に移って程なく、日本人夫婦2組が帰国しました。残った福島出身の看護婦と二ツ井町（現能代市）出身の看護婦、それに私の3人も1953（昭和28）年8月、漢口（現武漢）を経て上海から舞鶴（京都）へ向かう引き揚げ船に同乗することになりました。

後の話ですが、二ツ井の看護婦のご主人は抑留されたシベリアから既に帰郷し、他の人と結婚していたといいます。「妻は死んだも

漢口では日本人医師（右端）の家族と楽しいひとときを過ごした（左から2人目）＝1953年

の」と諦めていたそうです。夢にまで見た故郷で、彼女の絶望感は察するに余りあります。失われた年月は、こんな悲劇も生んだのです。

中国大陸に別れ告げ

1953（昭和28）年7月、鄭州から汽車で長江（揚子江）沿いの漢口（現武漢）に移動しました。日本への引き揚げ船が出る上海への中継点でした。

漢口には1週間ほどいたと思います。上海行きの船を待つ日本人はかなりいました。体調を崩す人も多く、宿舎に充てた音楽学校には臨時の診療所が設けられていました。私も交代で診療に当たりました。

漢口では父からのはがきを受け取りました。父がどこに宛てて私がどう受け取ったのかは覚えていませんが、両親が秋田で健在なことを初めて知りました。私の本籍は父の実家の大分でしたから、はがきを読むまでは大分に向かう気でいました。

上海は水の都です。夜になると、運河に浮かぶ小舟のランタンがきれいで、「赤いランタン　ほのかに揺れる」という流行歌の通りの街でした。ここにも1週間ほどいて観光や買い物を楽しみました。国際都市らしく、フランス租界の名残もとどめていました。

舞鶴（京都）への引き揚げ船に乗ったのは8月です。日本の領海近くまで随行した中国の護衛艦が離れていく時の寂しさといったらありませんでした。良くも悪くも、私にとって中国はもう一つの祖国です。甲板の上から「ありがとう」「さようなら」と叫び、手を振り続けていました。思い出すと、いまも胸が詰まります。

船の中では、故郷の朝鮮・新義州で近所に住んでいた娘さんを見掛けました。彼女が満州で芸者になったこと、終戦直後、ほかの芸者たちと共にソ連兵から集団で乱暴されたこと、それが日本人女性の盾になるためだったことは、八路軍に徴用される前に聞いていました。

中国から引き揚げた当時の舞鶴港と市街地＝1953年（共同）

気の毒で掛ける言葉がありませんでした。戦争のむごさを、あらためて感じました。初めて見た日本に、特別な感慨はありませんでした。船上で喜び合う日本人の中で、私だけが浮いていたように思います。

ここで聞いた「岸壁の母」の歌声に私は胸打たれました。理由があります。兵士となった「岸壁の母」の数知れない「息子」たち。その中には、さまざまな形の悲惨な末路が待っていたことを私自身が見聞きしていたからです。具体的にはとてもお話しできないことです。一生、胸の内にとどめていくしかないと考えています。

日本人として生きる

初めての日本に驚き

舞鶴（京都）では入国の手続きや秋田行きの汽車の手配のため、何日かを引揚援護局で過ごしました。

両親が上浜村（現にかほ市）の開拓地で下の弟夫婦と暮らしていること、上の弟が北海道で教師をしていること、長姉が病死したことは、父からのはがきで知っていました。

私にとって初めての日本です。乗客の話す「じぇんこ（お金）」という秋田弁が理解できず、汽車の小ささに驚きました。

小砂川駅（にかほ市）には父が迎えに来てくれました。新聞で見た帰国者名簿に私の名前があったと言っていました。ただ、中国での行軍はほとんど報じられていなかったらしく「ずっと満州にいたとばかり思っていた」とも話していました。

家族とは何年ぶりかでの再会でしたが、不思議と感動は薄かったです。ほんの2、3日、別れていたような感覚です。両親と弟も同じだったようです。のんびりしていいて小さいことにこだわらない大陸的なところは、家族全員に共通した気質だったのかもしれません。

開拓地は山形県境の鳥海山麓にある観音森近くです。隙間風の吹く粗末な家でしたが、中国でも同じような生活でしたので苦にはなりませんでした。

父は農作物の卸売りの仕事をする傍ら、開拓地の世話役のようなことをしていました。道路整備の要望などで県庁にも頻繁に出入りしていて、そこで県立中央病院で看護婦を募集しているという話を聞き込んできました。父から勧められるまま面接を受け、採用が決まりました。開拓地で暮らし始めてから数カ月後、1953（昭和28）年の冬のことです。

看護婦免許の再交付はスムーズでした。私と同じ境

引き揚げ直後、上浜村の自宅前で＝1953年

遇で帰国した看護婦の中には、再交付までに何年もかかったという人もいたようです。私の場合、満鉄系列病院の看護学校時代の在学証明記録が厚生省に保管されていたことが幸運でした。

27歳、存分に青春謳歌

1953（昭和28）年12月、秋田県立病院（54年に県立中央病院と改称）に就職しました。

父を通じて聞いた採用の条件は「政治活動はしないでもらいたい」ということでした。中国共産党に従軍した私の経歴に、病院側が敏感になっていたんでしょう。中国から引き揚げた看護婦の中には「アカ」呼ばわりされて、なかなか職に就けない人もいたそうなので、私は恵まれていたと思います。

ただ、やっかみは受けました。配属先が花形の手術室だったせいです。手術前に洗浄していた器具を誰かに持っていかれたりする嫌がらせもありました。まあ、遠い昔の話です。

日本の医療水準は中国に比べて格段に高く、私にとっては毎日が勉強でした。母国語ではあっても、日本語の専門用語には苦労しました。しばらくは頭の中で日本語を中国語に変換して理解していました。手術中、執刀医から求められた器具を手渡すのも一呼吸置いてからという具合でした。

病院があったのは秋田市古川堀反町（現在の千秋明徳町）。広小路を挟んで、木内デパートの向かいです。病院近くには県庁や市役所がありました。広小路は肩がぶつかるほどの人混みでした。

娯楽は映画です。当時見た映画で覚えているのは「ローマの休日」。川反でもよく遊びました。ダンスホールはいまの大町5丁目付近にあって、よく出入りしていました。クリスマスになると、キャバレーにも繰り出しました。27歳になって訪れた青春を存分に謳歌《おうか》しました。

県立中央病院の同僚たちと（手前右）＝1954年ごろ

寮は病院の敷地内にあって、私が寮長でした。寮長として手掛けたのが、二つの〝改革〟です。一つは午後6時だった門限を9時にしたこと。もう一つは、みんなでお金を出し合って寮母さんを雇ったこと。ゆっくりデートできるわ、お風呂の掃除から解放されるわで、みんなからは好評でしたよ。

名医の目に留まった

県立中央病院では、私にとって人生の一大事ともいうべき出来事がありました。副院長で外科医の前多《まえた》豊吉先生との出会いです。

〈前多豊吉（1910～95年）は函館市生まれ。県立中央病院長、秋田大医学部付属病院長、市立秋田総合病院長などを務めた。秋田大医学部創設に貢献し、医師や看護師の養成にも尽力した〉

先生の手術は何度も担当しました。うまくて速くて確かだったというのが、そばで仕えた者としての感想です。「開腹したら患者は体力を消耗する。素早く処置しろ」というのが口癖で、周りはそのスピードについていくので精いっぱいでした。

手術中、前多先生がスタッフに求めていたのは、先を見る目と手術全体を把握する力、そして集中力だったと思います。この先生の下についた医師たちは、きっと上達も早いんだろうなと思わせる人でした。もちろん、私も鍛えられました。

先生は口の悪い人でもありました。手術中に「何やってんだ、この中共《ちゅうきょう》（中国共産党）」と怒鳴られたこともあります。ひどいでしょ。あんまり悔しいんで「私は中共ではありません。ちゃんと名前で呼んでください」とやり返しました。

看護婦に口答えされるとは思いも寄らなかったらしく、逆にそれを面白がっていたようです。その後は何かと目をかけてくれるようになりました。「おまえはずるいところがない」と言ってくれた時はうれしかったですね。怖がられていましたが、実は心の温かい人なんです。

結婚して県立中央病院を辞めなければならなくなった時、次の勤め先の診療所を紹介してくれ

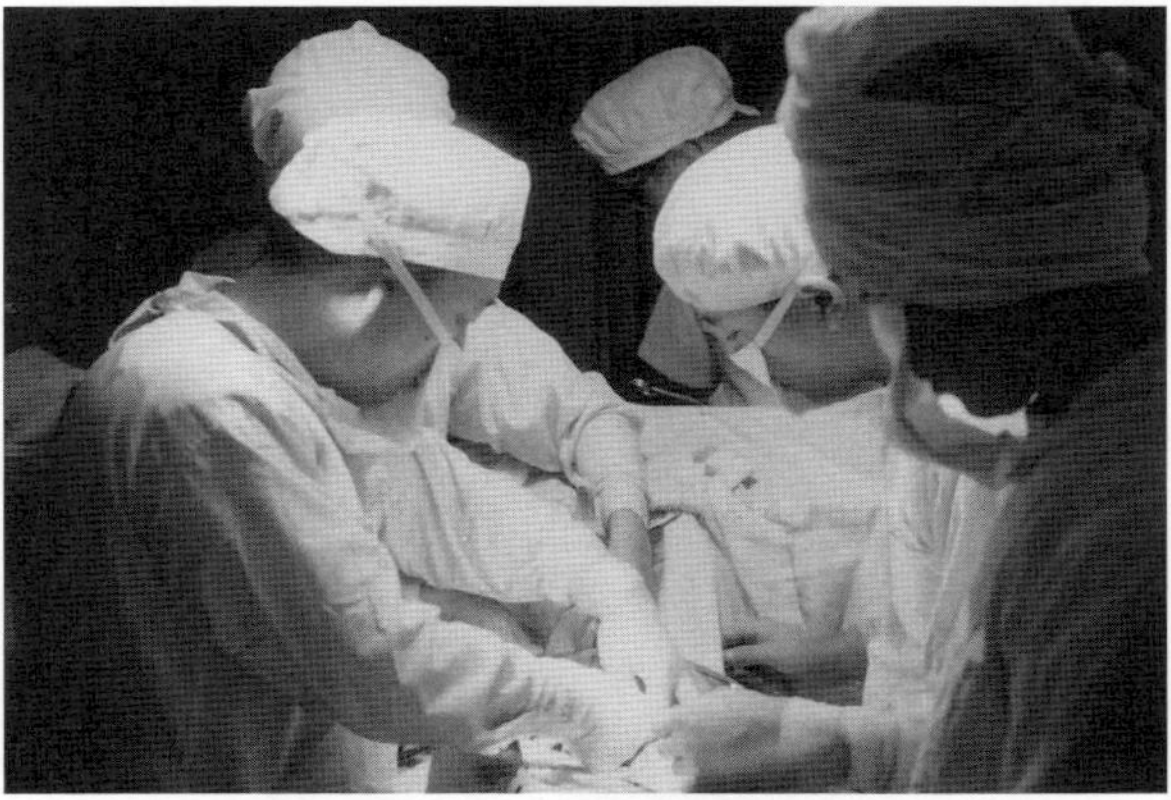

手術中の前多先生（左）。手前右は小西

たのが前多先生でした。さらにその後、田沢湖町の国民健康保険病院（現在の田沢湖病院）に勤務することになったのは、先生の薦めがあったからです。

先生との出会いがなかったら、全く違う人生を送っていたかもしれません。

別居で始まった結婚

県立中央病院に勤めて間もなく、今は亡き夫弘一《こういち》と知り合いました。「売血」するため、しょっちゅう来ていた秋大生の一人でした。

当時は献血が一般的ではなくて、民間の血液銀行が輸血用の血液を買い集めて病院に供給していました。ではなぜ病院で採血していたのかというと、今となってはよく分かりません。

夫は六郷町（現美郷町）の出身です。秋田師範学校から新制の秋田大学学芸学部に編入し、出会った時は留年中でした。年は私の5歳下。6人きょうだいの長男で、相当な苦学生だったようです。昼間は紙芝居、夜はダンスホールで楽器演奏のアルバイトをして、お金を稼いでいると言っていました。

「この人は一体、いつ学校に行っているのかしら」とあきれる半面、学生なのに自活していることに好感を持ちました。

ただ、プロポーズされた時は「留年しているような人とは一緒になれません」と言って断りました。夫は人が変わったように真面目に授業に出るようになり、1954（昭和29）年3月、どうにか卒業できました。

結婚は55年、28歳の時です。でも甘い新婚生活とはいきませんでした。夫は大学卒業と同時に小学校の先生になり、稲庭町（現湯沢市）に赴任しました。最初から別居生活でした。

同じころ、私にも転機が訪れました。県立中央病院を辞めなければならなくなったのです。病院には当時、既婚の看護婦は10人までという決まりがあり、私が結婚した時には既に定員を満たしていました。

困っていたところに、県立中央病院の

県立中央病院時代のスナップ＝1954年。この翌年に弘一と結婚した

前多豊吉副院長が助け舟を出してくれました。この年、開業したばかりの中通診療所に私を推薦してくれたのです。中通総合病院の前身です。前多先生は中通の瀬戸泰士《たいじ》所長と東北大の同窓。私のために随分骨を折ってくれたというのは、人づてに後で知りました。

看護婦の確保に奔走

1955（昭和30）年4月、開設したばかりの中通診療所に勤務することになりました。後の中通総合病院です。

民家を改装し、1階に外来と手術室、2階にベッド4床の病室がありました。外科と内科で医師は2人。看護婦は私だけで、看護婦免許のないお手伝いさんが2人いました。術後は患者さんを担架に乗せ、階段を上って病室に運びました。宿直室は押し入れ。中国の野戦病院を思い起こさせる環境でした。

難しい手術の時は県立中央病院から前多豊吉先生が呼ばれ、執刀していました。県立中央病院時代に先生から鍛えてもらったおかげで、私も自分の技術には自信を持っていました。

診療所は瀬戸泰士所長の方針で、夜中も患者を診ていました。勤めのある人に便宜を図るためです。「いつでも、どこでも、誰にでも」という、いまの中通総合病院の方針は、当時から確立されていたと思います。

住まいは診療所近くの民家を間借りしていました。2間あって、そこに六郷町（現美郷町）の親元を離れ秋田高校に通っていた義弟と暮らしていました。夫は稲庭町（現湯沢市）の小学校に単身赴任中でした。新婚時代を夫ではなく、夫の弟と過ごしたということになります。

診療所が「中通病院」になったのは57年9月です。看護婦を確保するため、診療所時代から診察の合間を縫って県内各地の看護学校を回っていました。最終的に10人以上集めましたよ。

中通に勤めて3年近くたったころ、前多先生

開設当時の中通診療所（中通病院労働組合「二十周年記念誌」）＝1955年

から「田沢湖町（現仙北市）にできる病院に俺の部下が赴任する。おまえもそこへ行け」と言われました。国民健康保険病院、いまの田沢湖病院です。先生に言われれば断るわけにはいきません。58年5月の開業とほぼ同時に勤務することになりました。

それにしても私が行くのは決まって新しくできた所ばかり。妙な巡り合わせです。大変でしたが、喜びも大きかったなあ。

病院は人生道路沿い

新設の田沢湖町国民健康保険病院から話をもらった時、実は養護学校への就職が決まっていました。ただ「国保病院に行け」というのは恩師の前多豊吉先生の〝命令〟でしたから、選択の余地はありませんでした。

内科、外科、産婦人科に県立中央病院出身の医師が1人ずついました。ベッド20床はほぼ満床状態。病院開設は地元の念願だったようで、外来患者は1日100人を超えました。

〈田沢湖町国保病院は1958（昭和33）年、現在の生保内中学校近くに開業した。67年に町に移管され「田沢湖病院」と名称変更。71年に田沢湖駅近くに新築した。現在の病院は2003年、西隣に新築〉

勤め始める直前の58年4月、ちょうど夫が西仙北町（現大仙市）の小学校に異動になりました。そこで中間点の大曲に部屋を借り、それぞれ汽車で通勤することにしました。

最寄りの生保内駅（現田沢湖駅）から病院までは2キロぐらいの距離です。途中に産院、幼稚園、小学校、中学校が並んでいました。道路を挟んで病院があって、さらにその向こうが火葬場。みんなから「人生道路」と呼ばれていました。

玉川への出張診療はトロッコで向かいました。当時は玉川源流部から原木を運ぶための営林署の森林鉄道がまだ稼働していて、上りのきつい箇所ではトロッコを降りてみんなで押し、逆に下りでは加速を抑えるため、地面に足を着けて踏ん張ったものです。

冬の田沢湖畔への往診には馬そりを使いました。夜になると、明かりなんて全くありません。キツネやテンがよく出るんです。あの心細さといったらなかった。心底

田沢湖町の国民健康保険病院で。1958年の開業とほぼ同時に勤め始め、翌年、看護婦長になった＝59年

「大変な所に来てしまった」と思ったものです。

開業した翌年の59年、看護婦長が退職し、私が後任に就きました。高度経済成長の波が、ようやく地方にも及ぼうとしていたころのことです。

高度経済成長を実感

「ニコヨン」という言葉、知っていますか。日雇い労働者のことです。昭和30年代の田沢湖町（現仙北市）は国道整備やトンネルの掘削工事が盛んで、県外からもたくさんの「ニコヨン」が入ってきていました。

〈ニコヨンという俗語は、東京都が1949（昭和24）年、日雇い労働者の日当を240円と定めたことに由来する〉

国民健康保険病院には作業中のけがで運ばれてくる人が増え、われわれスタッフは多忙を極めていました。大曲駅近くの洋服屋さんに間借りして汽車で通勤していましたが、さすがに病院のそばに住まいを探すことにしました。

と言っても、いまのように貸家やアパートがあるわけではありません。困っていたところに、町内の建設会社の方から作業員用宿舎の空室を使ってはどうかという話をいただきました。

夫とは再び別居生活になりますが、仕方ありません。ありがたく申し出を受けました。病院開設翌年の59年のことです。もっとも、近くに引っ越したせいで真夜中でも頻繁に呼び出されるようになりましたが。

この年の10月、長女留見子が生まれました。折よく、翌60年4月に夫が田沢小学校に異動になり、田沢湖で家族3人での生活が始まりました。ただ夫は、ご近所から「婦長の旦那さん」と呼ばれることが多く、随分嫌がっていましたね。

田沢湖町は秋田国体（61年）の登山会場でしたから、田沢湖高原の開発もどんどん進んでいました。戦後「田舎のバスはおんぼろ車《ぐるま》」で始まる歌

道路などの完工祝賀会には病院代表の一人として出席した。地方も高度経済成長に沸いた＝1960年前後のころ

が流行しましたが、高原の道幅はあの鼻先の長いバスがすれ違えるぐらいには広がりました。

湖畔や高原に観光客が増えてきたのも、このころです。国保病院に勤め始めた数年前と比べ、隔世の感がありますす。高度経済成長で、生活が豊かになってきたという実感がありました。

娘に厳しい母でした

1965（昭和40）年、夫が仙南村（現美郷町）の中学校に異動したのを機に、大曲に自宅を新築しました。夫は新居から通勤し、私と娘は田沢湖に残りました。寂しくなかったといえばうそになりますが、家族同然の病院スタッフに慰められました。鍋っこ遠足や旅行なども頻繁に企画して、家族ぐるみのお付き合いをしていました。

娘には学校からの帰りに真っすぐ病院に寄るように言い、私の仕事が終わるのを待たせていました。医局にも出入りしていて、職場の皆さんにはかわいがってもらいました。

厳しい母親だったと思います。周りには「婦長さんの娘」と呼ばないでほしいとお願いしていました。娘には、間違っても自分が特別扱いされているという意識を持ってもらいたくありませんでした。友達と駄菓子屋さんに行くときも、お小遣いはほかの子と同じ10円。夫との別居を余儀なくされていたこともあって、少し肩に力が入っていたのかもしれません。

こんなこともありました。外科の先生の机に、娘が勝手にシールを貼ったんです。先生は「まあ、いいじゃないか」と笑っていましたが、私は収まりがつきません。「剝がしなさい」と怒鳴りつけました。泣きながらシールを剝がす娘の顔は、いまも目に浮かびます。

大曲の自宅に転居したのは、新築の4年後です。小学4年の娘にとって、父親がそばにいないというのは、やはりいいことではないと考えました。転居を機に自動車免許を取り、車通勤を始めました。

一般家庭には電話が普及していない時代です。私

病院スタッフとは家族ぐるみの付き合いだった（左）

と連絡を取るのに不都合だということで、当時の田沢湖町長が電電公社に掛け合ってくれました。それからというもの、急な呼び出しがあれば真夜中でも明け方でも飛んで行ったものです。自宅に電話をつけたのが、良かったのか、悪かったのか。

■過去があり今がある

病院から施設に転職

田沢湖町の国民健康保険病院は１９６７（昭和42）年、国保を運営する法人から町に移管され、71年に新築されました。それに伴い人事も見直され、東北大出身から岩手医大出身の院長に代わりました。

潮時かなと思いました。岩手医大からは看護婦が来ることも決まっていましたので、何となく居づらさを感じていました。夫と娘のそばにいてあげたいという気持ちもあって、辞める決意を固めました。

県内で2カ所目となる特別養護老人ホーム「欣《きん》寿《じゅ》園」（現在の「こもれびの杜《もり》」）が、大曲の自宅近くに開設されるという話を知ったのはちょうどそのころでした。病院在職中の72年2月、年次休暇を取って秋田市の特養で講習を受けました。

介護の現場を垣間見て「これからの時代は、こういうことに関わっていくべきなのではないか」という思いを強くしました。14年間お世話になった田沢湖病院を退職し、この年の4月、開設と同時に欣寿園に就職しました。46歳の時でした。

同じ看護婦の仕事といっても、病院時代とは随分勝手が違いました。病院の患者さんなら症状が分かれば対応できますが、特養の場合、病状は安定しているものの、長期の寝たきりや認知症の人がほとんどです。

入所者や家族の間では、施設職員が何でもやってくれるという考えが当たり前でした。それが間違っているとは言いませんが、例えば片手は動かせるのに食事の手助けを受けるとか、職員が顔を洗ってくれるまで洗面台の前でじっとしているという姿には違和感を覚えました。

思いついたのがリハビリです。機能回復・維持の重要性がまだ一般的ではなかった時代でしたが、専門書をむさぼり読み、

県内2カ所目の特別養護老人ホーム「欣寿園」

現場で実践していきました。

先例に倣ったわけではありません。一つ一つが手探りでした。転職で給料は半分以下に減りましたが、それ以上に仕事は充実していましたね。

寝たきりにさせない

「欣寿園」（特別養護老人ホーム）でリハビリを取り入れたのは、寝たきりの入所者に生きる喜びを味わってほしいという願いからでした。できることは自分でやる。言いたいことは口に出して意思疎通を図る。箸が使えないならスプーンで食べる。そういう当たり前のことを目標にしました。

特養ではほとんど前例がなかっただけに、反発もありました。先輩から「施設が手を掛けないと、家族は不快に思う。余計なことはしなくていい」と叱られたこともあります。

ただ、私にはリハビリの有効性に確信がありました。単純なことです。床ずれを防ぐことを目指すより、起き上がって血行を良くすることを考えた方がいいに決まっていますから。

ベッドから車椅子に移すとき、体に添えた手を少しの間だけ離すとか、車椅子に移動したら足を伸ばして床に着けてもらうとか、小さなことから始めました。脳卒中の後遺症でまひが残っている人には、舌を動かす訓練を粘り強く続けました。

ノウハウはなく、手探りでした。何をどれだけやればいいのかという目安もありません。それでも、少しずつ効果は表れてきました。半身不随だった男性が立ち上がって一歩を踏み出した時の感動は忘れられません。ほかの入所者も、この男性に続きました。みんな表情が明るくなっていきました。

リハビリの効用は入所者に希望を持ってもらえることにあると思っています。介護職は決して

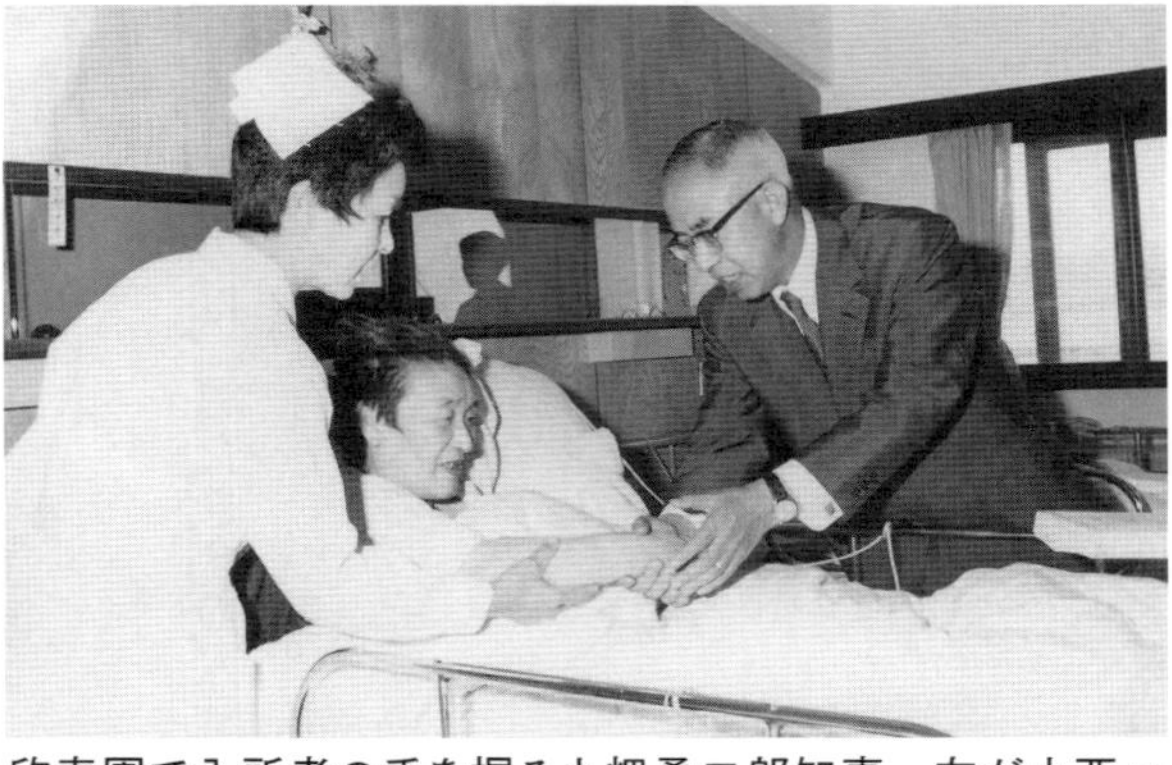

欣寿園で入所者の手を握る小畑勇二郎知事。左が小西＝1972年

楽ではありませんが、私自身は入所者や家族から感謝されることが何よりの喜びでした。認めてくれる人が1人、2人と増え、県や厚生省、それに他県の特養から視察が相次ぎました。

養護係長、主任生活指導員を経て、1985(昭和60)年3月、定年退職を迎えました。欣寿園での13年間、床ずれの人を一人も出さなかったことが私のささやかな誇りです。

懐かしい鄭州を再訪

特別養護老人ホームを定年退職した翌年の1986（昭和61）年2月、中国を再訪しました。中国で一緒だった元同僚の看護婦に誘われ、埼玉県日中友好協会と日本人留学生の家族会の訪中団に交ぜてもらいました。

目的地は日本に引き揚げる前の最後の何カ月かを過ごした、黄河に近い河南省の鄭州でした。私が勤めていた病院の院長と、軍服姿の女性が空港に迎えに来てくれていました。

この女性は内戦時代に私と一緒に共産党軍に従軍した補助看護婦で、行軍の途中に私が衛生学を教えていました。いまは医師になって、北京の陸軍病院に勤めていると言っていました。私の従軍経験が多少なりとも誰かの役に立っていたんだと、妙に感動しました。

鄭州の街並みはすっかり小ぎれいになっていました。病院は跡形もなく、なじみだった床屋さんや甘酒売りのお店も無くなっていました。自分の古里が一変したのを目の当たりにしたような寂しさを感じました。

ただ、忘れかけていた記憶が、この訪中でよみがえってきたということはありました。鄭州を離れる直前、院長が中国での思い出にと、私たち日本人看護婦を京劇鑑賞に連れて行ってくれたり、中華料理をごちそうしてくれたりしたことです。

院長とは亡くなる5年ほど前まで交流を続け、おいが秋田に留学した時は私が身元引受人になりました。日中関係はかつてないほど冷え込んでいますが、少なくとも個人レベルでは理解し合えるものと信じています。

再訪した鄭州で（右から2人目）。かつて上司だった院長（右）らがもてなしてくれた＝1986年

訪中から3年後、私に大きな転機が訪れました。太極拳との出合いです。大曲に太極拳教室が開講したことを知人が聞きつけ、私に勧めてくれました。

知人は私が若い時に中国にいたことを知っていて、腕に覚えがあると思い込んでいたようです。もちろん、当時は全くの素人。中国との縁が、私と太極拳を引き合わせてくれました。

太極拳にのめり込む

〝63の手習い〟で始めた太極拳でしたが、意識と動作と呼吸を融合した奥深い世界に、すぐにのめり込みました。

よく「肩の力を抜いて」という言い方をしますよね。上手に肩から力を抜くと、背筋がピーンと伸びて腰から下が地面に吸い付くような感覚になるんです。（自分の体を押させて）ほら、全然動かないでしょ。面白いものだなと思いました。

太極拳のＰＲになりますが、最大の魅力は何歳からでも始められることだと思います。ゆったりした動作で無理なく心肺機能を高められ、全身の血行促進にもつながります。足腰の鍛錬にもなりますし、股関節の柔軟性もついてきます。お年寄りにはぜひお勧めしたいですね。

太極拳教室に通い始めた１９８９（平成元）年に大曲市太極拳協会が発足し、事務局を任されました。一受講生であると同時に、協会運営や普及・指導を担うことになりました。多忙でしたが、充実していましたね。

２００４年からは、太極拳をベースに考案したストレッチ体操の教室を始めました。「とてもじゃないが、太極拳は難しくて続かない」という60歳以上の人を対象にしました。閉じこもりがちな人に外に出てもらおうという狙いもありました。ストレッチ体操は好評で、今も約１００人の方たちが週一回、楽しく続けております。男子組も始まりました。

現在、大仙市の交流センターなどで太極拳を定期的に指導しています。昇段試験の前には自宅で個人レッスンも引き受けています。予定はびっしり詰まっていますが、若い人たちの中にいるから

伝統的な中国刀を使った「太極刀」も習得した＝2014年11月、秋田市

こそ、元気でいられるんだと感謝しています。

太極拳にはもう27年も携わったことになります。これほど長く続けることになるとは思ってませんでしたが、人生って、そんなものかもしれません。

指導者として唯一、困るのは「先生」と呼ばれること。何だかこそばゆくなっちゃう。生徒は全員、私の年下。先に生まれたから「先生」なんだと考えるようにしています。

過去があり今がある

夫の弘一が78歳で亡くなって、7年になります。でも、寂しくはありません。ほとんど毎日、話をしていますから。

変に思われるかもしれませんが、話し掛けると、ちゃんと言葉を返してくれるんです。私と違って生粋の秋田弁で。普段は「んだな」とか「いいべ」とか短い言葉ですが、私が心配事を抱えているときは親身になって相談に乗ってくれます。逆に考えると、夫の口数が少ないということは私に心配事がないということになるのかもしれません。

一日の終わりに、仏前でその日あったあれこれを話し、1合の日本酒を酌み交わす。夫との晩酌が何よりの楽しみです。

それにしても、こうして自分の歩みを振り返ると、随分波乱に富んだ人生だったと気付かされます。朝鮮で生まれ、旧満州で看護婦になり、戦後は中国の内戦に巻き込まれた。縁あって開設間もない病院や福祉施設に勤め、太極拳とストレッチ教室では数え切れないぐらいのすてきな出会いがありました。

90歳になったいま思うのは、過去と現在はずっとつながっているということです。人さまからみれば、中国での私の体験は悲惨だと映るかもしれませんが、従軍看護婦としての充実感は日々ありました。逆に平和な日本でも、つらいことはいっぱいありました。歴史は何かを境に劇的に変わるものではない。それは一人の個人についても言えるのではないでしょうか。

先々のことを考えないわけではありません。太極拳の講習会であちこち飛び回っていますから、いまはまだ車の免許は手放せない。まあ、運転できなくなって行動範囲が狭くなったら、好きな絵

ストレッチ教室の受講生と一緒に（前から2列目、右から3人目）＝2014年6月、大仙市

を描いて過ごすのも悪くない。多分、この先も好きなように生きていくんでしょう。後で夫に「このままでいいよね」と聞いてみようと思います。きっと一言「いいべしゃ」と返してくれるはずです。

年譜

小西チヨ　略年譜

1926（大正15）	4月1日、北朝鮮平安北道新義州府で父島田克己、母フサの三女として生まれる
1929（昭和4）	父克己が友人の借金を肩代わりし新義州府庁を退職。使用人のいる豪邸から6畳2間の長屋に転居
1932（昭和7）	新義州尋常小学校入学
1938（昭和13）	新義州高等小学校入学
1940（昭和15）	南満州鉄道株式会社安東医院看護婦養成所入学
1941（昭和16）	12月8日、日米開戦
1942（昭和17）	春、養成所が付属していた安東医院（病院）の混合病棟に配属
1943（昭和18）	春、奉天（現瀋陽）にあった満鉄系列の結核療養所へ異動
1945（昭和20）	4月、安東病院に異動

8月15日、終戦
日本人居留民の診療所「日僑救護所」に身を寄せる
1946(昭和21) 中国共産党軍(八路軍)が内戦再開に備え、日本人医療職を徴用。暮れ(または年明け)、集結地の鶏冠山に到着
6月、中国共産党と国民党の和平交渉が決裂、内戦に突入
1948(昭和23) 6月ごろ、鶏冠山を後にし、鴨緑江沿いを東進
11月ごろ、旧満州を越え、万里の長城の軍事要衝の一つ、「山海関」に至る
11月29日、「平津戦役」勃発(翌49年1月31日まで)。野戦病院を天津近くの独流鎮に設営。程なく「護士長」(看護婦長)の後任に
1949(昭和24) 暮れ(または年明け)、天津を離れ南下
10月1日、毛沢東が中華人民共和国の建国を宣言。当時は南部の衡陽に

1950（昭和25）

12月7日、蒋介石が中華民国の中央政府機構を台湾に移す

春、ベトナムとの国境に近い柳州に南下し、再び衡陽に。医療要員としての任務が終わり、鉄道軍衛生部に配属。医師養成機関の「医務幹部訓練所」に入所。半年後、「医助」（補助医師）の資格取得

1951（昭和26）

6月25日、朝鮮戦争勃発（1953年7月27日休戦）

衡陽にあった鉄道軍衛生部所属の診療所に勤務

1952（昭和27）

暮れごろ（または翌年初めごろ）、鄭州の病院に転属

1953（昭和28）

3月、日本赤十字社と中国紅十字会による3年来の交渉で日本人の帰国に合意

8月、上海から舞鶴へ引き揚げ。両親のいる上浜村（現にかほ市）の開拓地に

12月、秋田市の県立病院（後の県立中央病院）に看護婦として就職。副院長の前多豊吉と出会う。

1955(昭和30) 稲庭町（現湯沢市）で小学校教諭をしていた弘一と結婚
1958(昭和33) 4月、中通診療所（現在の中通総合病院）に転職
5月、開業間もない田沢湖町（現仙北市）国民健康保険病院（現在の田沢湖病院）に転職
1959(昭和34) 同病院の看護婦長に
10月、長女留見子誕生
1965(昭和40) 大曲市（現大仙市）に自宅新築
1972(昭和47) 4月、県内2カ所目の特別養護老人ホーム「欣寿園」（現在の「こもれびの杜」）に転職。リハビリに力を入れる
1985(昭和60) 3月、定年退職
1986(昭和61) 2月、中国再訪
1989(平成元) 大曲市太極拳協会が発足し、事務局長に就任

推薦によせて

佐々木　チヨ

小西チヨ先生との出会いは夜の太極拳教室です。参加者募集を知り、面白そうだと思い、軽い気持ちで入会して以来、先生の不思議な魅力に引き込まれ、二十数年間も続けています。

今ではすっかり私の健康の源ですが、他の門下生たちも同じではないでしょうか。先生の周りはいつも人が集まり、笑いがあります。「先生の魅力は？」「先生のバイタリティーの源は？」――そんな疑問をいつも抱いていましたが、秋田魁新報に連載された「シリーズ　時代を語る」を愛読しているうちに、それが解けました。まずは人のためであり、ご自分のことは後回し。そして人と接するときの目線は真っ直ぐで平等…そんな先生だからこそなんですね。

大正の終わりから昭和、平成と時代を経て、九十歳を過ぎてなおチャレンジ精神は衰えず、前向きな姿勢は矍鑠《かくしゃく》として年齢を感じさせません。車の車庫入れも極めてスムーズな運転さばき。全くもって驚かされます。先生にとっては生活の中のごく一部の当たり前の日常なのです。「よく生きよ」ということを身をもって教えてくれている気がします。

そんな先生のもとで学べる私は幸せ者であり、尊敬して止みません。先生は何十年も前から「人は命ある限り、できるだけ他人の手を借りずに、自分から動いて、自分らしく喜び、楽しいと思える生活を」という持論を私たちにずっと語り続けてくれました。高齢世代の私たちの〝生きる道しるべ〟として、これからも末永く活躍していただきたいと心から願っています。

（大仙市大曲住）

あとがきにかえて

秋田魁新報「えんぴつ四季」への投稿がきっかけとなり、また株式会社たけや製パン元取締役の武藤幸雄さんのお力添えもあって、「シリーズ　時代を語る」に40回も連載していただきました。秋田魁新報社編集委員の吉田新一さんと大仙市幸町の「地域交流センター　はぴねす大仙」でお会いし、初めての取材を受けたのは昨年7月下旬のことです。その後、取材の場はいろいろと変わり、長時間に及ぶ取材の日もありましたが、吉田さんは私の話に辛抱強くお付き合いくださいました。

そうして出来上がった連載記事は、吉田さんの筆力と編集力によって、とても読みやすく、分かりやすいものでした。友人や知人から「あすの記事も楽しみにしています」と言われるほど好評で、さすが新聞記者の文章だと感心いたしました。

幼少期から28歳までの青春を戦争で過ごした日々を語ったときは、平和の大切さを読み取っていただければ、という思いでした。そして、お国ことばは異なっても、温かく大きな心で触れ合えば、そして両手を差し伸べ合えば、誰もが同じ人間であり、愛国心も郷愁もまた同じように深いものであることに気が付くはずです。

出版に当たっては、多くの方々のご協力をいただきました。この場をお借りして厚くお礼申し上げます。また、連載をご愛読いただきました皆様、本当にありがとうございました。

２０１６年10月

小西　チヨ

波乱の道のり　看護とともに

定　　価	本体 800円＋税
発 行 日	2016年10月15日
編集・発行	秋田魁新報社 〒010-8601　秋田市山王臨海町1－1 Tel. 018(888)1859 Fax. 018(863)5353
印刷・製本	秋田活版印刷株式会社

乱丁、落丁はお取り替えします。

ISBN978-4-87020-385-3　c0223 ¥800E